AF264138

RÉCLAMATION

DU

DUC DE BORDEAUX,

ADRESSÉE

Au Peuple Français.

⬥⬥⬥

Suis-je donc autre chose à vos yeux que le frêle
rejeton d'une branche brisée, brisée à tout
jamais?

⬥⬥⬥

PARIS.

MANSUT FILS,
Rue de l'Ecole-de-Médecine, n° 4;
LEVAVASSEUR, *au Palais-Royal,*
Et chez tous les Marchands de Nouveautés.

1830.

RÉCLAMATION

DU

DUC DE BORDEAUX,

ADRESSÉE AU PEUPLE FRANÇAIS.

FRANÇAIS,

Quelques semaines d'exil et de malheur instruisent mieux que plusieurs années de leçons timidement hasardées par un maître adulateur; l'adversité est pour l'intelligence une école où les progrès sont rapides, et, dans ces longues heures de solitude que me laisse l'absence des flatteurs du pavillon Marsan, j'ai commencé à réfléchir sur ce que j'étais et sur ce que je suis.

Ce que j'étais? Un enfant moins heureux, dans sa royale opulence, que le dernier de vos enfans; un automate obéissant à toutes les impulsions et n'exécutant aucun mouvement de lui-même. Condamné par le malheur de ma naissance à une pénible représentation de chaque jour, les instans pendant lesquels on ne me montrait point au public étaient consacrés à la répétition de ces scènes enfantines auxquelles vous eûtes la faiblesse d'applaudir si souvent. Aujourd'hui je me rappelle ce qu'on me disait des danseurs de corde, toujours gracieux, toujours souriant, et qui, rentrés dans la coulisse, redeviennent ce qu'ils étaient un instant auparavant, de pauvres diables bien ou mal traités suivant la somme des applaudissemens qu'ils ont recueillis; et moi aussi, j'étais un danseur de corde : seulement ma corde était dorée.

Vos enfans du moins, lorsqu'un maître les asservit quelques heures, retrouvent bientôt cette liberté qui me fuyait, qui m'était interdite comme dangereuse; et je ne calcule jamais sans chagrin combien de papillons, dans les beaux jardins de *Bagatelle*, échappèrent à ma poursuite, protégés par les craintes des *valets mes maîtres*, redoutant pour moi les suites de la fatigue. Mais que sont ces regrets auprès des privations plus réelles et plus amères auxquelles je me voyais condamné chaque jour! Dans ces jeux, dirigés et limités par l'étiquette, auxquels cependant étaient admis quelques-uns de vos fils, me fut-il jamais permis d'abandonner mon cœur, comme je l'eusse voulu, aux douces émotions d'une jeune amitié? Leurs visages, à eux enfans, étaient déjà des visages de flatteurs; ils n'exprimaient qu'un besoin, celui de me plaire, jamais celui de m'aimer, et ils préludaient ainsi à cette vie de courtisans qu'il n'a pas tenu à eux de consacrer à ma fortune.

Oh! combien de fois j'enviai le sort de ces fils de pauvres qu'il ne m'était permis de contempler que de loin, se partageant, en riant et s'embrassant, les gâteaux que je leur adressais de bon cœur et que mes dédaigneux valets leur jetaient avec un mépris qui me faisait mal!

Voilà ce que j'étais; voilà quels étaient ces plaisirs qui coûtaient tant d'or et me donnaient si peu de bonheur!

Ce que je suis aujourd'hui ? Oh! je ne suis plus le petit acteur des Tuileries! Plus de flatteurs, peu de valets; plus de grimaces; personne à qui je doive envoyer des baisers, de ces baisers que *maman Gontaut* m'enseignait à débiter avec grâce et surtout avec profusion. Mais, en revanche, j'embrasse les petites filles du château qui me le rendent, et je me trouve mille fois plus heureux de ces baisers, que je ne le fus jamais des hommages dont on me fatiguait, lorsque je jouais sur les degrés d'un trône; alors je n'étais que le petit-fils d'un roi; ici, je suis davantage, je suis un homme qui grandit chaque jour, libre de ces entraves dorées qui rapetissent corps et âme, et font du prince destiné à porter la couronne, l'homme le moins capable d'en soutenir le fardeau.

Ici, Dieu aidant, je marcherai sur les traces de mes cousins du Palais-Royal; un grand maître, le malheur, présidera à mon éducation, et par ses enseignemens me façonnera aux exigences de ma nouvelle fortune; je tâcherai de tout *oublier* et de beaucoup *apprendre*, et, sur cette terre où s'édifia ce pacte de liberté, indestructible monument sous lequel tombèrent les imprudens qui voulurent ébranler ses bases, sur cette terre d'exil je m'efforcerai de me rendre digne de m'asseoir un jour parmi vous... oui, de m'asseoir parmi vous, mais comme un enfant de cette France qui doit une égale protection à tous ses fils, comme un citoyen jaloux d'apporter sa part d'utilité au bien-être commun, comme membre d'une grande famille, également juste pour tous ceux qui prirent naissance dans son sein.

Voilà mon vœu; à vous je puis le dire, mais je dois le cacher à ceux qui m'entourent; ils ne me comprendraient point, car ils vivent dans les regrets et les souvenirs du passé, tandis que toute ma vie future est dans l'espoir d'effacer un jour les traces de fautes qui ne furent point les miennes; ils me répèteraient leur mot éternel de *légitimité*, mot non compris encore de mon intelligence, bien qu'il soit le premier qui ait résonné à mon oreille; ils me diraient peut-être que je suis appelé à recueillir un jour un immense héritage; mais la voix de vos canons, les cris de vos frères expirans, vos cloches dont le vent apportait le râle jusqu'à Saint-Cloud, tout ce fracas de mort et de vengeance retentit encore dans mon âme, comme un arrêt qui brise à jamais un sceptre souillé de sang; cette solitude effrayante qui, plus tard, protégea notre fuite; ces visages plus effrayans encore d'indifférence et de mépris; ces couleurs qu'on me dit être les couleurs que vous arborâtes lorsque vous fîtes autrefois le serment de vivre libres ou de mourir; si tous ces souvenirs ne renversent pas de coupables espérances, ils me tracent, à moi, ma conduite à venir, et jamais, je vous le jure, jamais je ne deviendrai la cause ou le prétexte de criminelles tentatives, de projets liberticides.

Jouissez de votre ouvrage, magnanimes Français, et, si votre pensée se reporte sur le passé, sur ce passé que je voudrais racheter de tout mon sang, faites, dans votre légitime ressenti ment

la part des faibles et celle des méchans ; rappe-
lez-vous, en songeant à une famille désormais
inoffensive, que de perfides conseillers sont à la
fois le fléau des rois et celui des peuples, et la
cause ordinaire des erreurs des uns et des mal-
heurs des autres. Soyez généreux autant que
braves ; accordez l'oubli de la tombe à ceux que
vous avez bannis ; laissez-les aux remords de
leur faiblesse, au regret de vous avoir mé-
connus, et n'étouffez pas les voix suppliantes
qui vous demandent grâce pour des cheveux
blancs.

Moi aussi, j'implore une grâce : j'ai surpris
des larmes dans les yeux de ma mère, de cette
Caroline, en faveur de laquelle vous fîtes si
long-temps une exception à votre indifférence
pour une famille qui n'était pas la famille de
votre choix ; vous l'aimiez... ne vous en défendez
pas ; vous l'aimiez... Elle n'était point une prin-
cesse imposée par les bayonnettes étrangères.
Partageant vos joies et vos plaisirs, vous chéris-
siez en elle cette vertu que vous vous plaisez à

retrouver aujourd'hui dans les princes élus de la nation ; cette popularité sans laquelle il ne peut y avoir aucune sympathie entre les gouvernans et les gouvernés. Combien de pleurs furent essuyés par sa main généreuse et toujours tendue vers l'infortune! combien d'amers reproches pour elle au sein de cette famille que j'accuse à regret, mais dont les membres, sur la foi de vieilles traditions d'étiquette, eussent cru déroger en se mêlant à vous, en se présentant au milieu de vos assemblées, simples et vêtus comme vous! Caroline fut comme la transition d'une cour vieillie à une cour jeune et façonnée aux besoins de l'époque; elle encourageait les arts comme l'une des sources de la prospérité de votre pays, devenu sa patrie d'adoption. Cette patrie, elle l'a perdue : moins malheureuse que ses compagnons d'exil, elle n'emporta point votre haine; elle le croyait du moins. Cette pensée était douce à son âme, elle y trouvait la force de supporter un épouvantable revers de fortune. Trompeuse sécurité! un coup terrible devait l'atteindre; son cœur de mère devait en saigner.

C'était un soir : son visage exprimait un violent chagrin ; je courus à elle pour l'interroger sur la cause de cette nouvelle douleur ; alors, m'attirant convulsivement sur son sein : « Ils disent que tu n'es pas mon fils, s'écria-t-elle ! tu n'es, suivant eux, qu'un enfant supposé, le fils d'une autre mère qui t'a vendu à moi pour consommer une affreuse fausseté ! » Et ses étreintes redoublaient avec ses pleurs. « Oh ! non, il n'avait pas de fils celui qui osa porter contre moi une telle accusation ; celui qui ne craint pas de déchirer ainsi le cœur d'une mère ne comprit jamais la douceur des sentimens qui m'attachent à toi ! »

Oh ! si vous l'eussiez vue, vous tous qui portez un cœur d'homme, vos doutes, si vous en avez conçus, se fussent évanouis à l'instant ; vous eussiez compris qu'il n'y a qu'une mère qui puisse aimer et pleurer ainsi.

Son esprit ne s'arrêta pas à une pensée de ridicule ambition ; elle ne songea point que cette inculpation tendait à me dépouiller du titre de petit-fils d'un roi ; mais tout son cœur se souleva à cette idée que l'on ne me croyait point son fils, et il lui sembla qu'on voulait me ravir à elle, nous arracher l'un à l'autre.

Et c'est chez vous, Français, dont on vante avec raison la générosité et les lumières, c'est chez vous qu'une semblable imputation a pu naître et s'accréditer ! Oh ! non, vous ne croyez pas à une telle infamie... Qu'est donc un trône à vos yeux pour que tout une famille se souille d'une indigne action pour en assurer la possession à de prétendus descendans ? L'honneur de vous commander est grand, sans doute ; il y a, l'univers le sait, une gloire insigne à marcher à la tête du premier peuple du monde ; mais cet honneur, cette gloire, ne seraient-ils pas trop chèrement achetés par un crime, par un crime le plus odieux de tous ? L'égoïsme s'assied sur le trône comme ailleurs ; et, de bonne foi, croyez-vous que celui que je puis appeler légitimement mon oncle, Louis XVIII enfin, eût donné les mains à une fourberie dont le secret mal gardé aurait pu troubler ses derniers jours et même en accélérer le terme? On ne joue pas ainsi sa couronne et sa vie contre l'insignifiant avantage de se donner des héritiers qui, peut-être un jour, vous détrôneront, impatiens de vous succéder.

Si je suppose un instant avec vous que l'auteur de la Charte ait voulu vous tromper à ses périls et risques, me faudra-t-il aussi admettre que toutes les personnes qui entouraient ma mère ont trempé dans ce mystère d'iniquité, et, l'admettant encore, comment expliquerez-vous que parmi tant de gens, capables de souiller leur conscience, il ne se soit pas rencontré un être, doublement vil, disposé à vendre le secret qu'il aurait eu la lâcheté de promettre!

S'est-il, dites-le-moi, levé dans la foule un seul homme qui ait dit : « J'ai vu la fraude; voici les circonstances : jugez! »

De vagues insinuations, ourdies par des pamphlétaires et propagées par la crédulité, voilà tout ce qui dépose contre la légitimité de ma naissance; et, si l'on devait ajouter quelque foi

à ces affreux mensonges, les peuples ne seraient-
ils pas en droit de révoquer en doute toutes les
légitimités ? car, dites-le-moi, quel est le prince
dont l'arrivée dans la vie ne fut pas saluée par
la voix de la calomnie et les attaques de la mé-
chanceté ? Et, sans remonter à celui que vous
appelez *le Fils-de-l'Homme*, je pourrais vous
montrer près de vous, au milieu de vous, un
exemple récent de cette injustice; mais le rappeler, ce serait agir comme mes ennemis, et ma
plume ne doit point accréditer une fable ab-
surde.

Je ne vous dirai point que ma naissance fut
un miracle : vous savez en faire, mais vous n'y
croyez point; et d'ailleurs, il faut l'avouer, cette
explication surnaturelle d'un fait si simple est
plus nuisible que favorable à ma cause; un miracle est une chose que l'on ne comprend pas,
et appeler ici un miracle à notre aide, c'est
avouer une fraude.

Un dernier argument se présente, et les bons
esprits en apprécieront la force : c'est au petit-

fils d'un roi déchu que s'attachent tous les efforts de la calomnie. Epargné à sa naissance, il ne pouvait l'être au moment où s'écroule le trône à l'ombre duquel il grandissait. L'infortune a ses détracteurs, comme le pouvoir a ses courtisans; l'homme qui tombe du faîte de la puissance est moins que le dernier des valets de celui qui lui succède, et, tout s'enchaînant ainsi, le petit-fils d'un souverain banni ne pouvait être autre chose qu'un enfant trouvé...

Un enfant trouvé! Oh! pourquoi déchirer ainsi le cœur de ma mère? Français, y a-t-il donc pour vous, dans ma naissance, l'ombre d'un danger? le fils d'un homme, misérablement descendu dans la tombe, qu'est-il donc pour vous? et seriez-vous assez cruels pour lui défendre l'espoir de jamais verser des pleurs sur les cendres de son père? Suis-je donc autre chose que le frêle rejeton d'une branche brisée, brisée à tout jamais?

Que vous demandé-je donc à genoux? Ce que vous accordez à vos ennemis; grâce après la victoire, oubli du nom que je porte, de ce nom, unique et sanglant héritage , digne plutôt de pitié que d'envie. Séparez, s'il se peut, ce nom auquel je tiens, en raison de ce qu'il m'a coûté, de ces autres noms que vous haïssez. Oubliez ce que je fus , pour vous rappeler ce que je suis : un misérable enfant, condamné au pain de l'exil, et sans autre appui que le cœur de sa mère; laissez-moi mêler mes larmes aux siennes, et n'achevez pas de me rendre orphelin.

IMPRIMERIE DE Vᵉ THUAU ,
Rue du Cloître Saint-Benoît, nᵉ 4.